BEI GRIN MACHT SICH IHR
WISSEN BEZAHLT

AF135813

- Wir veröffentlichen Ihre Hausarbeit,
  Bachelor- und Masterarbeit

- Ihr eigenes eBook und Buch -
  weltweit in allen wichtigen Shops

- Verdienen Sie an jedem Verkauf

Jetzt bei www.GRIN.com hochladen
und kostenlos publizieren

Schreiben in der Grundschule. Textmuster und Schreibunterricht

Anna-Sophie Uhlig

Bibliografische Information der Deutschen Nationalbibliothek:

Die Deutsche Nationalbibliothek verzeichnet diese Publikation in der Deutschen Nationalbibliografie; detaillierte bibliografische Daten sind im Internet über http://dnb.d-nb.de abrufbar.

ISBN: 9783346312877
Dieses Buch ist auch als E-Book erhältlich.

Inhaltsverzeichnis

1. Kooperatives Lernen im Schreibunterricht

Viele Studien bestätigen die positive Wirksamkeit gemeinsamen Arbeitens in heterogenen Lerngruppen auf das Lernen aller beteiligten Schülerinnen und Schüler. (vgl. Schümer/Tilmann/ Weiß 2004) Dazu zählt bspw. die Meta-Mata-Analyse vor Hattie (2009), welche kooperative Lernformen wie Peer-Tutoring als größere Einflussfaktoren auf Schülerleistungen herausstellt als z.B. individuelle oder entdeckende Lernmethoden. Auch Konrad und Taub (2001, S. 5) sehen das Lernen an sich als ein „soziales und kommunikatives Geschehen" an, bei dem „Austausch und Diskussion das Verstehen und die Reflexion des Lerngegenstandes optimieren". Unter kooperativem Lernen versteht man im Allgemeinen: „[. .|, zwei oder mehr Personen, [die] zusammenarbeiten, mit dem Ziel etwas zu lernen." (Huber 1999, S. 3) Traub (2004, S. 24) präzisiert diese Definition, indem sie es als eine Interaktionsform bezeichnet, „[...] bei der alle Beteiligten gemeinsam und in wechselseitigem Austausch Kenntnisse und Fertigkeiten erwerben. Alle Gruppenmitglieder sind gleichberechtigt und verantwortlich für das Ergebnis." Kooperatives Lernen wird somit vom traditionellen Gruppenunterricht abgegrenzt, bei welchem häufig die leistungsstärkeren SuS die Gruppenarbeit dominieren. (vg. Hammoud/Ratzki 2009, S. 5) Der entscheidende Punkt hierfür ist, dass kooperative Lernformen strengeren Regeln folgen. Exemplarisch steht dafür die klare Rollenverteilung innerhalb der jeweiligen Lerngruppe, welche eine Einbringung des Einzelnen unumgänglich macht. Zudem vermittelt kooperatives Lernen direkte Kommunikation, individuelle Verantwortung, positive Abhängigkeit, Reflexion und Evaluation, sowie soziale Kompetenzen. Diese machen die fünf Basiselemente des Sozialverhaltens aus. Direkte Interaktion meint hierbei, dass die Gruppenmitglieder so nah zusammenkommen, dass sie sich sehen und hören können. Unter individueller Verantwortung versteht man, dass jeder für seinen eigenen Lernprozess aber auch für den der anderen verantwortlich ist, weswegen alle ihren Teil zu der Arbeit beitragen müssen. Die positive Abhängigkeit besteht darin, dass alle ein gemeinsames Ziel verfolgen und der Gruppenerfolg deshalb von jedem Einzelnen abhängt. Da die Gruppenmitglieder zum Erreichen dieses Erfolgs ihre Gruppenarbeitsprozesse und –ergebnisse immer wieder überdenken und verbessern müssen, werden ihre Reflexions- und Evaluationskompetenzen gefördert. (vgl. ebd., S. 6f.) Soziale Kompetenzen werden nach Green und Green (2007, S. 87) als „Fähigkeiten, die Menschen helfen soziale Interaktionssituationen gerecht zu erkennen und einzuschätzen sowie darauf aufbauend in diesen erfolgreich zu handeln" definiert. Dazu zählen u.a. die Kommunikations-, Kooperations-, Durchsetzungs- und Konfliktfähigkeit, sowie Empathie und Flexibilität. Sie alle sind für eine gewinnbringende Zusammenarbeit unbedingt notwendig und beeinflussen sowohl persönliche als auch berufliche Erfolge. Die Lehrperson wird beim kooperativen Lernen als Lernbegleiter angesehen. (vgl. Hammoud/Ratzki 2009, S. 8f.) Ihre Aufgabe besteht in diesem Zusammenhang darin, Lernbedingungen zu arrangieren, die es den Lernenden ermöglichen, in direkter Interaktion durch die persönliche Übernahme von Verantwortung bei der Bearbeitung einer Aufgabe eine positive Abhängigkeit aufzubauen und in gemeinsamer Anstrengung ein Ziel zu erreichen. Die Basis für die Evaluation der Gruppenprozesse und -ergebnisse bilden hierbei die Rückmeldungen der SuS selbst und der Lehrkraft. Der Evaluationsprozess muss allerdings von der/dem Lehrer/in erst eingeführt und geleitet werden, bis die Lernenden diese selbstständig durchführen können. Von besonderer Relevanz ist die Artikulation sozialer und fachlicher Lernziele, sowie transparente Beurteilungskriterien, die im Vorhinein mit den SuS zusammen festgelegt werden. Zudem ist eine Teamarbeit auch für die Lehrerinnen und Lehrer untereinander ratsam, da die veränderte Lehrerrolle neue Herausforderungen mit sich bringt, die im gegenseitigen Austausch leichter bewältigt werden können. Außerdem kann eine gemeinsame Vorbereitung den Einzelnen entlasten und durch die Erfahrung einer ähnlichen Zusammenarbeit für mehr Verständnis gegenüber den Lernenden sorgen. Im Unterricht läuft das kooperative Lernen dann wie folgt ab. Die Lehrperson gibt den Kindern eine Einführung in die Thematik oder auch in die Problematik und einen Überblick über die Methode, mit welcher gearbeitet werden soll. Dazu zählen auch die Erläuterung der Aufgabenstellung, des Arbeitsauftrags und des Ablaufs der Handlungsschritte. (vgl. ebd., S. 11f.) Nach der Bildung heterogener Lerngruppen erfolgt die Bearbeitungsphase, in der nach dem Grundprinzip des kooperativen Lernens vorgegangen wird: Denken – Austauschen – Vorstellen (vgl. „think - pair - share"). Dieses fördert die Erschließungskompetenzen, die Urteilskompetenzen und die Handlungskompetenzen der SuS. (vgl. Müller 2011, S. 9) Dafür muss sich jeder Lernende zunächst eigenständig mit dem Thema auseinandersetzen und darüber nachdenken, bevor der Austausch mit Gruppenmitgliedern beginnen kann. Bei den Gesprächen wird die Heterogenität der Gruppe bewusst genutzt und als Chance angesehen, mit vielfältigen Argumenten und Sichtweisen in Kontakt zu kommen und dabei die eigenen zu reflektieren. In kooperativen Lernformen wird das Bedürfnis der Kinder miteinander zu sprechen befriedigt, welches im Frontalunterricht häufig vernachlässigt wird. (vgl. Hammoud/Ratzki 2009, S. 7ff.) Laut Spritzer (2006) löst dies wiederrum ein Nähe- und Zugehörigkeitsgefühl zwischen den Lernenden aus und verbessert so das allgemeine Klassenklima. Damit alle Gruppenmitglieder sich gleichermaßen an der Arbeit beteiligen, wird erst kurz vor der Präsentation per Zufall entschieden, wer die Gruppenergebnisse vorstellt. Die Präsentationsart hängt dabei vom jeweiligen Thema ab. Wenn bspw. jede Gruppe dasselbe Thema bearbeiten sollen, wäre eine Vorstellung vor der gesamten Klasse nicht immer sinnvoll. Stattdessen könnte z.B. eine Art Galeriegang eingesetzt werden, bei dem die Lernenden von Tisch zu Tisch gehen und sich die verschiedenen Ergebnisse anschauen und vergleichen. Generell empfiehlt es sich, verschiedene Präsentationsmethoden zum Einsatz zu bringen, um Monotonie und Langeweile zu vermeiden. Anhand der transparenten Beurteilungskriterien werden am Ende die Resultate von allen SuS beurteilt und dabei auch der Arbeitsprozess berücksichtigt. Die Leistungsbewertung der einzelnen Kinder sollte jedoch separat durch die/den Lehrer/in erfolgen. (vgl. Hammoud/Ratzki 2009, S. 11f.) Um abschließend nochmal überblicksartig die wesentlichen Vorteile des Lernkonzepts im Allgemeinen darzustellen, werden die sieben Punkte kooperativen Lernens zur Verbesserung der Unterrichtspraxis nach Müller (2011, S. 6) herangezogen:

1. Kooperatives Lernen fördert die sozialen und personalen Kompetenzen.
2. Kooperatives Lernen individualisiert Unterricht und ermöglicht Differenzierung – unabhängig vom Stand der Schulreform oder der Schulart.
3. Kooperatives Lernen führt zu hoher Schüleraktivierung.
4. Kooperatives Lernen sorgt für eine Steigerung des Lernertrags.
5. Kooperatives Lernen orientiert sich an wenigen operationalisierbaren Prinzipien und hat eine durchgehende Grundstruktur. Das erleichtert Planung und Durchführung.
6. Kooperatives Lernen ist effizient und in der Unterrichtsvorbereitung für jede Lehrerin und jeden Lehrer ohne Überforderung machbar.
7. Kooperatives Lernen entlastet Lehrerinnen und Lehrer im Unterricht: die Lehrerin/der Lehrer moderiert, die Schüler arbeiten.

Für den Unterrichtsalltag stehen der Lehrperson eine Reihe an Kooperationsmethoden zur Verfügung, die mit Blick auf die Lerngruppe und die Lernziele ausgesucht und angepasst werden müssen. Dazu zählen bspw. das Lerntempoduett, das Partnerpuzzle, das Venn-Diagramm, der Partner-Check, das Kugellager, der Galeriegang, das Gruppenpuzzle, u.v.m. Von diesen sollen im Folgenden drei genauer in Hinblick auf den Schreibunterricht vorgestellt werden. Besteht das Lernziel der Unterrichtsstunde in einer Ideenentwicklung und –abgleichung, so bietet sich u.a. ein Venn-Diagramm an. Diese Methode beinhaltet, genau wie andere Kooperationsmethoden, eine Vorbereitungsphase, in der die SuS selbstständig Ideen zu einem Thema entwickeln, eine Briefingphase, in der die Lernenden in Partnerarbeit ihre Ideen austauschen, diskutieren und gemeinsame Standpunkte festhalten, und eine Präsentationsphase, bei der die Ergebnisse der Klasse vorgestellt werden. (vgl. ebd., S.38) Im Schreibunterricht der Grundschule könnte dieses Verfahren z.B. zur Vorbereitung des Schreibens einer Einladung eingesetzt werden. Der Anlass kann bspw. ein Geburtstag oder eine anstehende schulische Veranstaltung sein, zu der die Kinder ihre Familie und Freunde einladen dürfen. Dabei sollen sich die SuS zunächst allein überlegen, welche relevanten Informationen ein solches Schreiben beinhalten muss (Ort, Zeit, Anlass, etc). Diese werden im Anschluss mit dem Partner besprochen und die wichtigsten Punkte auf einem Arbeitsblatt festgehalten. Zum Schluss vergleichen sie dann ihre Ergebnisse mit denen der anderen Paare und ergänzen bzw. streichen ggf. wichtige bzw. unwichtige Informationen in ihrer Arbeit. Ein Gruppenpuzzle eignet sich gut dafür, Informationen zu erschließen und abzugleichen. Hierfür werden anfangs Stammgruppen gebildet, bei der jedem Lernenden ein anderer Teilaspekt des Arbeitsauftrags zukommt. Dieser wird in Einzelarbeit bearbeitet und anschließend in der Expertengruppe, in der die anderen den gleichen Teilabschnitt haben, besprochen.

Dabei werden Fehler korrigiert und neue Erkenntnisse ergänzt. Danach trifft man sich wieder in der Stammgruppe und trägt die Ergebnisse der Teilaufgaben zusammen. (vgl. ebd., S. 77) Im Schreibunterricht können hierbei z.b. die einzelnen Teile einer Erzählung erschlossen werden. Dafür werden 3er Gruppen gebildet, in der ein Kind einen Text über die Einleitung, ein anderes über den Hauptteil und das dritte über den Schluss bekommt. Sie sollen nach dem selbstständigen Lesen und dem Austausch in der Expertengruppe, ihren Gruppenmitgliedern in der Stammgruppe genau erzählen können, worum es sich jeweils handelt und was dabei beachtet werden muss. Weiterführend könnte dann jeder von ihnen alleine versuchen, eine Einleitung, einen Hauptteil und einen Schluss zu einem vorgegebenen Thema zu schreiben. Die Vorstellung der Ergebnisse können im Anschluss in der Gruppe vorgetragen und in einer Schreibkonferenz reflektiert und überarbeitet werden. Auch beim Lerntempoduett geht es darum, zunächst Aufgaben alleine zu lösen. Die Lösungen werden mit denen mindestens zweier Mitschüler verglichen und am Ende im Plenum präsentiert. (vgl. ebd., S. 24) Sollen die SuS z.B. im Unterricht einen Steckbrief zum Haustier Katze anfertigen, so kann man ihnen eine Mindmap an die Hand geben, die schon sortierte Informationen zu diesem Tier enthält. Dazu bekommen die Kinder ein Arbeitsblatt, auf dem bereits das Aussehen der Katzen beschrieben wurde. Die Punkte Pflege, Nahrung und Wissenswertes sollen sie nun selbst mit kurzen Sätzen mit Hilfe der Mindmap ausfüllen. Wenn sie damit fertig sind, stehen sie auf und vergleichen mit dem nächsten Kind, das aufsteht, ihre Ergebnisse. Anschließend wird dieses Vorgehen wiederholt. Dabei soll es beim Vergleich zunächst nur um den Inhalt des Geschriebenen gehen. Er wird im Folgenden überarbeitet und korrigiert, bevor der Lernende abermals aufsteht. Nun soll der Fokus beim Austausch mit dem Mitschüler darauf liegen, dass die Sätze sachlich geschrieben wurden und für den Leser verständlich sind. Nach einer weiteren Überarbeitungsphase werden die einzelnen Lösungen vor der Klasse vorgetragen und beurteilt.

2. Kreatives Schreiben im Schreibunterricht

Während es sich bei dem Kreativitätsbegriff der 70er Jahre noch um den Ausbruch aus vorgegebenen Denkmustern handelte, wurde er in den 80er Jahren schon als Entwurf einer neuen, subjektiven Wirklichkeit verstanden. Damals versuchte man der, durch die Medienflut und Bürokratisierung verschuldeten, Anonymisierung der Gesellschaft entgegenzuwirken, weswegen der Kreativität als Möglichkeit zum Rückzug ins Private auch eine gesellschaftsbezogene, politische Funktion zugesprochen wurde. Im Deutschunterricht wurde der kreative Schreibprozess so zu einem Konzept der Selbsterfahrung und Selbstverwirklichung, das unter anderem auch therapeutische Erwartungen mit sich zog. (vgl. Spinner 1993, S.17) Im Gegensatz zum sog. freien Schreiben, einem Konzept der Reformpädagogik, werden beim kreativen Schreiben zielgerichtet gestaltete Schreibsituationen arrangiert, welchen den SuS Impulse, Hilfestellungen und Rahmenbedingungen an die Hand geben. Ein Erlebnisorientierter Schreibunterricht hingegen stellt den Lernenden frei, wann, wo und worüber sie schreiben, was im Deutschunterricht hinsichtlich des Umfangs an zu vermittelten Lerninhalten im Lehrplan nur schwer umsetzbar ist. Wenn ein Kind z.B. nur einen Tag an einer Geschichte schreibt und ein anderes einen ganzen Monat lang, dann sind zum einen die Ergebnisse ebenso wie der Schreibprozess kaum vergleichbar und zum anderen müsste die Zeit außerhalb der Schule genutzt werden, da im Unterricht für ein Thema nicht so viel Bearbeitungszeit zur Verfügung steht. Eine andere Konzeption stellt das personale Schreiben dar. „Darunter faßt man jene Anregungen zusammen, die die Bedeutung des Schreibens für die Auseinandersetzung mit der eigenen Subjektivität betonen." (ebd., S.18) Darunter fällt das schon genannte freie Schreiben, wie auch das experimentelle, assoziatives Schreiben und das Schreiben von Gedichten und Tagebüchern. Ziel dabei ist es, sich auf die Suche nach der eigenen Identität zu begeben. Dies wird auch beim kreativen Schreibprozess betont und als wichtig erachtet, jedoch handelt es sich nicht um dessen einzige Zielsetzung. Zudem kann ein kreativer Schreibakt im Gegensatz zu einem personalen durchaus bewertet und benotet werden. Dabei liegt der Blick vorwiegend auf dem Schreibprozess selbst, da die Entwicklung der Schreiberfahrung beim kreativen Schreiben als relevanter für den Lernzuwachs angesehen wird, als der daraus hervorgegangene Text. Eine weitere Abgrenzung zum freien Schreiben wird deutlich, wenn man den Bezug des kreativen Schreibprozesses zur Tiefenpsychologie betrachtet. Aus dieser Sicht besteht nämlich das wesentliche Ziel des kreativen Verfahrens daraus, „Schreibangebote zu entwickeln, durch die latente psychische Inhalte aktiviert, in Vorstellungsbilder verwandelt und so als Teil des eigenen Selbst erfasst werden können." (ebd., S.19) Dieser Aspekt der Identitätsfindung mithilfe der Aktivierung des Unterbewusstseins bleibt beim erlebnisorientierten Ansatz außen vor. Zudem besteht beim kreativen Schreiben eine Verbindung zur Gestalttherapie, die auf die Wiedervereinigung von Geist, Leib und Seele zielt. Dies äußert sich insbesondere bei Methoden wie der Phantasiereise oder bei solchen, in denen Musik als Einstieg in den Schreibprozess genutzt werden. Nach Spinner (1993) dient es außerdem nicht allein der Selbstfindung und dem Selbstausdruck, sondern auch der „Einübung ins Fremde". (vgl. ebd., S.19f.) Dabei bezieht er sich vor allem auf Winnicotts Kreativitätstheorie, die besagt, dass das Zusammenspiel von Subjektivität und Objektivität, einen sog. „intermediäre Raum" eröffnet, indem man zugleich ganz bei sich selbst und ganz bei der Sache ist. Das kreative Schreiben ist ein ideales Mittel, um diesen Zustand zu erreichen und sich mithilfe der Phantasie neue Erfahrungen anzueignen. Zu weiteren Besonderheiten der kreativen Schreibverfahren zählen die Erfassung die befreiende Wirkung, die Verbesserung der Leistungen beim Schreiben, der Abbau von Schreibblockaden, eine flüssigere Gestaltung von Sachtexten, die Steigerung der Motivation, die Arbeit mit Reizwörtern, die als Hindernisse dienen, welche überwunden werden müssen, die Arbeit mit Widersprüchen wie z.B. der eigenen Schwäche, die spielerische Vermittlung von Erfahrungen, die u.a. auch Autoren und Schriftsteller machen und die Ermöglichung von Sozialität durch die Fiktion als Schutz. Schon der letzte Punkt dieser Aufzählung macht deutlich, dass das kreative Schreiben nicht nur als ein individueller Schreibakt zu verstehen ist. Im Gegenteil handelt es sich bei der literarischen Geselligkeit um einen wichtigen Aspekt bei den kreativen Verfahren. Darunter fällt sowohl die Möglichkeit einer Zusammenarbeit bei der Überarbeitung von Texten als auch die einer gemeinsamen Textproduktion, immer mit Blick auf die Förderung der Selbstständigkeit und Eigeninitiative und der Entwicklung einer Sensibilität sich selbst und anderen gegenüber. (vgl. ebd., S. 22f.) Die Lehrperson nimmt sich dabei im Unterricht zurück und schlüpft in die Rolle des Lernprozessbegleiters. Sie muss den SuS hierbei an den richtigen Punkten kompetent zur Seite stehen können. Dies betrifft insbesondere die Vermittlung von Verfahren und Impulse zur Weiterarbeit nach der Themenfindung und das Aufzeigen von Reflexionshilfen für den Arbeitsprozess. (vgl. Brenner 1990, S.154) Hinsichtlich der Bewertung kreativer Schreibprodukte spielt pädagogische Sensibilität eine große Rolle, denn häufig verarbeiten die Lernenden viele persönliche Erfahrungen und Gedanken in ihrem Text, weshalb ein hohes Maß an Sachlichkeit beim Feedback zu beachten ist. Ansonsten könnte die Kreativität leicht durch Beurteilungen abblocken und eine Weiterarbeit behindern. Die Gewichtung sollte dementsprechend vom Schreibarrangement abhängig gemacht werden. Zudem ist eine Besprechung mit den SuS zur Klärung der Kriterien hilfreich, um die nötige Transparenz zu schaffen. (vgl. Spinner 1993, S. 23) Im Folgenden sollen exemplarische Umsetzungsmöglichkeiten für den Schreibunterricht der Grundschule anhand verschiedener Verfahren kreativen Schreibens genauer beleuchtet werden. Eine sehr bekannte Methode stellt hierbei das Clustering dar. Dabei sollen die SuS ein Cluster (eine Art Mindmap) mit Assoziationen zu einem bestimmten Thema erstellen, über das sie im Anschluss schreiben wollen. Das Kernwort, welches die Thematik repräsentiert, steht dabei in der Mitte des Blattes, während die Gedankenketten geordnet drum herum geschrieben werden. Anschießend kann der Teil des Clusters eingekreist werden, auf den man sich schwerpunktmäßig beziehen möchte. Selbstverständlich kann auch das gesamte Gedankenrepertoire für die Textproduktion verwendet werden. Der Vorteil dieses Verfahrens liegt darin, dass dabei nicht nur subjektiv-persönliche, sondern auch erörternde Textsorten in den Blick genommen werden können. Zur Vorbereitung kann die Lehrperson mit ihrer Klasse spielerisch anfangen Wörter zu assoziieren. Eine Möglichkeit besteht darin, die SuS in Kleingruppen aufzuteilen und einem Gruppenmitglied einen Ball zu geben. Dieses Kind darf nun ein Stichwort nennen z.B. „Unterricht" und einem anderen Kind den Ball zuwerfen, welches eine Assoziation zu diesem Wort (z.B. „Deutsch") sagen soll, anschließend wird der Ball zum nächsten Spieler geworfen, der wiederrum einen Gedanken zum Thema Unterricht bzw. Deutsch äußern soll z.B. „Schreiben". So geht es immer weiter, bis alle Spieler an der Reihe waren, niemandem mehr etwas einfällt oder die Lehrkraft das Spiel für beendet erklärt. Daran wird deutlich, dass Cluster auch zusammen in Partnerarbeit oder in der Gruppe erstellt werden können. Das Kernwort kann sowohl vom Lehrenden als auch von den SuS selbst vorgegeben werden. Jedoch sollte man darauf achten, nicht zu klischeebeladene Begriffe zu verwenden, da sonst sehr viele ähnliche Textentwürfe entstehen. Es kommen dafür im Übrigen nicht nur Substantive, sondern auch Verben und Adjektive infrage. (vgl. Schuster 1995, S. 49-75) Im Schreibunterricht der Grundschule kann bspw. ein Text mit dem Thema Traumwelt anhand des Cluster-Verfahrens geschrieben werden. Die Thematik eignet sich besonders gut als Schreibanlass, weil hier bei den SuS sicher viele verschiedene Vorstellungen vorherrschen und so unterschiedliche Entwürfe entstehen. Zudem kann der Phantasie freien Lauf gelassen werden. Als Vorbereitung soll das bereits erläuterte Spiel dienen, bei dem man das Stichwort „Welt" vorgeben wird. So können sich die SuS schon im Vorhinein überlegen, was sie und andere unter diesem Begriff verstehen. Anschließend soll jedes Kind ein Cluster zum Thema „Traumwelt" erstellen und sich evt. auch einen Schwerpunkt setzen. Danach erfolgt der Schreibprozess und die Überarbeitungsphase des Textes. Zum Schluss gibt die Lehrperson den Lernenden den Auftrag, an das Spiel von Anfang zurückzudenken und zu überlegen, inwiefern sich die reale Welt und ihre Traumwelt unterscheiden und welche Parallelen es zwischen ihnen gibt. Daraufhin kann u.U. noch eine Diskussion folgen, was man alles in der realen Welt verbessert könnte (z.B. keine Kriege mehr, kein Streit, keine Armut, etc.). Eine andere Methode, welche sich gut im Schreibunterricht der Grundschule einsetzen lässt, ist das biographische Schreiben. Sie zielt insbesondere auf die Beschäftigung mit dem eigenen Namen, der Stärkung der Ich-Identität und des Selbstbewusstseins ab. Regine Lückel (1993) veröffentlichte dazu ein Modell für den Deutschunterricht der 3. Klasse mit dem Titel „Mein Name – das bin ich". Dabei gibt man den SuS folgende Stichworte vor: „Zu mir gehört: Mein Name, wie ich aussehe, was ich gerne tue, wie ich bin, meine Gefühle, wo ich herkomme, welche Menschen zu mir gehören." (vgl. ebd., S. 38) Zu diesen Punkten sollen sich die Lernenden Notizen machen, ggf. ein Selbstportrait malen und anschließend einen Text über die eigene Person verfassen. Dieses Modell lässt sich, genau so wie es ist, im Unterricht umsetzen und gibt den Lernenden dabei die Möglichkeit sich selbst darzustellen und gleichzeitig mehr über ihre Mitschüler zu erfahren. Eine andere beliebte Möglichkeit das kreative Schreiben in den eigenen Unterricht einzubauen, stellt die Phantasiereise dar. Dabei unterscheidet man zwischen einer gelenkten und einer ungelenkten Phantasiereise. Bei der ersteren werden Bilder und Situationen vorgegeben, wohingegen letztere komplett ohne Vorgaben oder Impulse arbeitet. (vgl. Schuster 1995, S. 147) In der Schule kommt meist die gelenkte Phantasiereise zum Einsatz. Diese läuft nach Bleckwenn und Loska (1988) wie folgt ab. Man beginnt mit der „Expositionsphase", in der die SuS zunächst ihren eigenen Körper wahrnehmen sollen. Daraufhin erfolgt die „Übungsphase", bei welcher sie sich von der Alltagsituation lösen und in eine imaginierte Welt übergehen. Nun beginnt die eigentliche Reise, indem die Lehrperson Impulse, Vorschläge oder Fragen stellt und die Kinder sich dazu Vorstellungen machen. Diesen Schritt bezeichnen Bleckwenn und Loska als die „Imaginationsphase". Bei der darauffolgenden „Rückkehrphase" kommt man von der imaginierten in die reale Welt zurück. Dabei ist es wichtig, dass die Lehrperson bewusst die Reise rückwärts erzählt und dabei nichts auslässt. Zum Schluss beginnt die „Schreibphase", in der die Lernenden ihre Erlebnisse aufschreiben sollen. Es besteht jedoch auch die Möglichkeit, dass sie sie zunächst erstmal aufmalen. (vgl. ebd., S. 56) Vorteile dieses Verfahrens sind, dass durch die in der Phantasie erlebten Reise Schreibblockaden gelöst und Motivation aufgebaut werden kann. Zudem werden die Kinder dabei in ihren „individuellen Bildern und Erzählungen ernstgenommen." (Müller 1995, S.6) Dies stärkt das Vertrauen in die eigenen Kompetenzen und führt zu gegenseitiger Wertschätzung und Respekt. Im Schreibunterricht bietet es sich für die Lehrperson an, wie gerade beschrieben, die Phantasiereise in Form einer Geschichte durchzuführen, die die einzelnen Phasen von Bleckwenn und Loska berücksichtigt. Dazu können auch passende Bilder eingesetzt und detaillierte Fragen gestellt werden. Beim letzten Unterrichtsbeispiel handelt es sich um eine Methode des geselligen Schreibens und wird als „Wundertüte" bezeichnet. (vgl. Payrhuber 2003, S.64) Zunächst werden hierbei Gruppen gebildet und Zeitschriften auf den Gruppentischen verteilt. Danach haben die Lernenden ein paar Minuten Zeit, um sich zwei beliebige Wörter und Fotos auszusuchen und auszuschneiden. Diese werden dann in die sogenannte Wörterkiste gelegt. Im Anschluss zieht jedes Kind ein Wort oder ein Foto daraus und beginnt dazu einen Text zu schreiben. Nach einiger Zeit gibt die Lehrkraft ein Signal, dass die angefangenen Arbeiten auf den Gruppentisch gelegt und verteilt werden sollen. Nun zieht jeder blind einen bereits begonnenen Text und ein weiteres Wort bzw. Foto aus der Kiste. Anhand dessen soll nun die Geschichte eines anderen Kindes zu Ende geschrieben werden. (vgl. ebd.)

3. Textmuster im Schreibunterricht

Im Folgenden soll das Textmuster Beschreiben genauer beleuchtet und in Hinblick auf den Schreibunterricht der Grundschule thematisiert werden. Nach Brinker (2001, S.135) versteht man unter dem Begriff Textsorten „konventionell geltende Muster für komplexe sprachliche Handlungen", die mit jeweils typischen „kommunikativ-funktionalen und strukturellen Merkmalen" verbunden sind. (vgl. Fix 2008, S.87) Sie werden insbesondere durch die Textfunktion voneinander unterschieden. Das Wissen über Textmuster soll im Unterricht für die SuS keine „einengende Norm", sondern vielmehr eine „praktische Orientierungshilfe" innerhalb des Schreibprozesses darstellen. (vgl. ebd., S. 92) Kinder greifen darauf oft schon unbewusst zurück, indem sie Merkmale der Struktur, der Syntax und der Lexik einer bestimmten Textsorte beim Verfassen eines Textes anwenden. Die Wissensvermittlung sollte auf praktischem Wege bspw. durch Übungen erfolgen, sodass statt eines deklarativen Wissens ein Handlungswissen entstehen kann. Zu diesem gehören auch das Problemlösewissen und das prozedurale Wissen. Die Regelhaftigkeiten der Textsorten als Teil der Methodenkompetenz bieten aufgrund ihrer modellhaften Elemente die Möglichkeit der Verwendung einer bestimmten Schreibstrategie. Diese verschafft sowohl dem Schreibenden selbst als auch dem Leser eine bessere Orientierung bei der Interpretation der kommunikativen Bedeutung des Textes. Einen kompetenten Schreiber erkennt man daran, dass er dieses Wissen beim Verfassen von Schriften flexibel und situationsgerecht anwenden kann. Das Ziel der Vermittlung von Textsortenwissen besteht zusammenfassend darin, dass Schreibaufgaben transparenter für die Lernenden werden und dass ihr Schreibprozess dadurch entlastet, aber nicht gänzlich bestimmt wird. In diesem Sinne werden auch kreative Prozesse beim Schreiben unterstützt. (vgl. ebd., S. 93, 106) Dem Textmuster Beschreiben werden verschiedene Bedeutungen zugesprochen. Zum einen wird es oft als „Zeichnen mit sprachlichen Mitteln" (vgl. Heinemann; Viehweger 1991, S. 279ff.) beschrieben und zu anderen als eine „'Abbildung' der Realität" (vgl. Feilke 2003, S. 7). Beide dieser Aussagen treffen zwar mehr oder weniger den Kern des Verfahrens, sind jedoch zu vereinfacht, um ihn im Ganzen zu begreifen. Denn der Prozess des Beschreibens bildet nicht nur die Wirklichkeit ab, er strukturiert die Wahrnehmung der Wirklichkeit. Dieser Schritt ist unumgänglich, wenn man bedenkt, dass der Rezipient die Beschreibung u.a. als „Anleitung zur praktischen oder imaginativen Nachkonstruktion" des Geschehenen nutzt. (vgl. ebd., S. 8) Dafür bedarf es einer Reflexion des Adressatenbezugs (Welcher Wissenstand kann beim Leser vorausgesetzt werden?) und einer dementsprechenden semantischen

Strukturierung, die den Nachvollzug im Nachhinein ermöglicht. Feilke (2003, S.7) bezeichnet dieses durchaus komplexe Verfahren daher als „eine kognitiv und kommunikativ anspruchsvolle, begriffs- und vorstellungsbildende Tätigkeit." Das Beschreiben weist eine enge Verbindung zu anderen Textsorten wie dem Erzählen und Erklären auf. Zwar dominiert bei diesem Textmuster im Gegensatz zu dem des Erzählens der sachliche Stil, jedoch kann er auch narrative Züge beinhalten. Dazu gehört bspw. die Geschichte hinter der beschriebenen Person, bei welcher auf die Fiktion zurückgegriffen werden kann. Es geht nicht nur darum, das Beobachtete detailliert zu beschreiben, sondern, dass man darüber hinausgeht und es in einen größeren Sinnzusammenhang bringt. Dies beinhaltet auch den Einbezug von Erklärungen, auch wenn der Fokus auf der Darstellung der Beobachtungen liegt. (vgl. ebd., S. 8) Die Beschreibungen beziehen sich dabei meist auf die bereits erwähnten Personen oder Figuren, aber auch auf Gegenstände, Tiere oder Pflanzen. (vgl. Payrhuber 2003, S.92) Das Ziel (nach Fix 2003, S. 106) ist es, „einen selbst wahrgenommenen Sachverhalt, ein Objekt oder einen Prozess [...] zur Wiedererkennung oder zum Nachvollzug für einen Adressaten möglichst genau darzustellen." Voraussetzung ist es also, dass der Schreiber mit dem Thema der Beschreibung vertraut ist und es einen Bezug zu seiner Lebenswirklichkeit aufweist. Hinsichtlich der Modalität ist bei diesem Textmuster vor allem auf Sachlichkeit, einen hohen Informationsgehalt und Anschaulichkeit zu achten. (vgl. ebd., S. 107) Hier werden die Parallelen zum Bericht deutlich, welcher die gleichen Merkmale besitzt. Jedoch enthält eine Beschreibung einen präsentischen und allgemeingültigeren Ausdruck als der Bericht. Dieser bezieht sich normalerweise nur auf ein spezifisches Ereignis. (vgl. ebd., S. 99) Geschrieben wird bei beiden Verfahren in der Zeitform Präsens, wobei das Augenmerk bei Beschreibungen auch auf einer exakten Wortwahl (Verwendung von Attributen und Fachbegriffen) und präzisen Formulierungen liegt. Dabei erfolgt die Darstellung von Eigenschaften häufig mithilfe von Adjektiv- und Präpositionalattributen. Jedoch spielen auch Vergleiche und der Einsatz passender Verben, insbesondere bei Prozessbeschreibungen, eine große Rolle. (vgl. ebd., S. 108) In Bezug auf den Aufbau von beschreibenden Texten ist zunächst die Art der Beschreibung relevant. Bei Prozessbeschreibungen liegt die Darstellung einer zeitlichen Abfolge der Geschehnisse nahe. Handelt es sich aber bspw. um eine Personen- oder Objektbeschreibung, erfolgt die Strukturierung meist nach kategorialen oder sensorischen Merkmalen. (vgl. ebd., S. 107) Ossner (2005, S. 125f.) nennt einige Möglichkeiten zur Gliederung einer Beschreibung, worunter u.a. das Schreiben vom „Anfang zum Ende", „vom Bekannten zum Unbekannten" und „vom Bedeutsamen zum Unbedeutenden" fallen. Wofür sich der Schreibende letztendlich auch entscheidet, wichtig ist, dass der Aufbau logisch und für den Leser transparent und rekonstruierbar ist, sodass dieser sich Informationen schnell einprägen und merken kann. Nach Fix (2003, S. 101) berücksichtigt eine gute Beschreibung schlussendlich auch emotionale Aspekte, welche den Aufbau eines nachhaltigen Interesses des Rezipienten am Beschriebenen unterstützen. Obwohl diese Textsorte viele gute Möglichkeiten zur Einbindung von realen Schreibanlässen mit Bezug zur Lebenswirklichkeit der SuS bietet, wird im Schreibunterricht der Grundschule dennoch immer wieder auf Themen wie „Ich putze mein Fahrrad" oder „die Friseurin" zurückgegriffen, bei denen funktionale Zusammenhang auf der Strecke bleibt. (vgl. ebd. S. 102) Nach Payrhuber (2003, S.92) sollte die Lehrperson daher Schreibsituationen arrangieren, in denen die Funktion von Beschreibungen und deren Abhängigkeit von Sachgegebenheiten, wie z.B. dem Vorwissen des Rezipienten, sichtbar wird. Die Aufgabenstellung kann dabei eher einfach gehalten sein, da für die Kinder schon der Prozess der Strukturierung ihrer Wahrnehmung und deren sprachliche Darstellung mitunter große Schwierigkeiten bereitet. (vgl. ebd.) Bevor es allerdings im Unterricht zum schriftlichen Beschreiben kommt, eigenen sich als Vorübungen Spiele, in denen das mündliche Beschreiben im Vordergrund steht. Dieses weist nämlich hinsichtlich seiner Grundstruktur kaum Unterschiede zum schriftlichen Beschreiben auf. (vgl. Stutterheim; Kohlmann 2001, S. 1279) Eine Möglichkeit das Textmuster Beschreiben im Deutschunterricht im Kontext einer Personenbeschreibung zu thematisieren, stellt die Beschreibung von Personen in einem „Steckbrief" dar. (vgl. Payrhuber 2003, S. 93f.) Die Tatsache, dass Steckbriefe wirklich zur Stellung von Tätern bei Fahndungsausrufen genutzt werden und sie den Lernenden deshalb auch meist ein Begriff sind, macht die Funktion einer solchen Beschreibung transparent. Nur sollen die SuS natürlich keine echten Verbrecher darstellen, sondern eine fiktive Person. Dafür eignet sich z.B. das beliebte Märchen vom Rumpelstilzchen. Als Vorübung zum Beschreiben wird im Plenum ein kurzes Spiel gespielt, bei dem jeweils ein Kind nach vorn an die Tafel kommen und einen Mitschüler mündlich beschreiben soll. Wird dieser erraten, kommt er nach vorn und beschreibt ein anderes Kind aus der Klasse. Dieses Spiel dauert so lange, bis jeder einmal beschrieben hat und selbst beschrieben wurde. Je nach Wissensstand der Kinder kann bzw. sollte anschließend die Geschichte vom Rumpelstilzchen thematisiert bzw. ihr Inhalt wiederholt werden. Dafür kann zunächst bis zu der Stelle gelesen werden, an der die Königin weint, weil Rumpelstilzchen ihr Kind mitnehmen möchte. Die Lernenden können nun Vorschläge machen, was sie an ihrer Stelle tun würden, z.B. die Polizei benachrichtigen. Dies kann sogleich als Überleitung zum Steckbrief und zur damit einhergehenden Personenbeschreibung genutzt werden. Zunächst sollen die SuS ein Bild malen, wie Rumpelstilzchen in ihrer Vorstellung aussieht. Die Bilder werden danach nebeneinander gehängt und jeder darf sich zu seiner Figur äußern. Dabei wird darauf geachtet, dass auch auf Unterschiede zwischen den Personen eingehen (z.B. „Meiner hat eine längere Nase") und möglichst detaillierte Beschreibungen abgeben. Die Lehrkraft notiert die Wörter, welche die Lernenden dabei benutzen, währenddessen an die Tafel und bildet Reihen, die zum Rumpelstilzchenbild passen: eine lange Nase, ein schmales Gesicht, lange Finger, usw. Im Anschluss wird zu einer Grafik, welche die Lehrkraft zu dem Thema mitgebracht hat, gemeinsam stichpunktartig ein Steckbrief erarbeitet. Dabei wird insbesondere auf den Einsatz passender Prädikate „er trägt", „man erkennt ihn an" und den damit Verbundenen Aufzählungen geachtet. Anschließend verfasst jedes Kind zu seinem Bild vom Rumpelstilzchen einen Steckbrief, welcher auch überarbeitet und verbessert wird. Zur Ergebnispräsentierung wird ein Suchspiel inszeniert, bei dem alle Bilder abermals nebeneinander gehängt werden und jede/r Schüler/in seine/ihre Beschreibung vorliest. Die restlichen Mitschüler sollen anhand der Beschreibung das passende Bild finden. Hier wird die Bedeutung einer detaillierten Darstellung besonders deutlich. Zum Schluss wird die Geschichte vom Rumpelstilzchen zu Ende gelesen.

4. Texte überarbeiten im Schreibunterricht

Ein bekanntes Zitat, welches den Stellenwert des Überarbeitens von Texten wohl am besten trifft, ist das von Donald M. Murray (1968, S.11): „Writing is rewriting" – „Schreiben heißt Überarbeiten". Oder anders gesagt, wer schreibt, der überarbeitet zwangsläufig auch, selbst wenn es sich dabei nur um eine Überarbeitung des Prätextes im Kopf handelt. August (1988) sieht genau hier den entscheidenden Vorteil des Schreibens gegenüber dem Sprechen, nämlich den, dass der Text noch nachträglich umgewandelt werden kann. In der modernen Schreibdidaktik stellt das Überarbeiten neben den Planungs- und Formulierungsfähigkeiten einen zentralen Faktor für die Entwicklung der Schreibkompetenz dar. (vgl. Payrhuber 2003, S. 25) Dabei herrschen verschiedene Sichtweisen darüber vor, was genau unter diesem Begriff eigentlich zu verstehen ist. Die eine grenzt Berichtigungen grundsätzlich aus, da diese nur bei richtigen Fehlern nötig seien. Unter die Begrifflichkeit Überarbeiten, würden somit aus diesem Blickwinkel ausschließlich das Umformulieren und eventuelle Ergänzungen fallen. (vgl. ebd.) Andere Definitionen hingegen schließen Korrekturen sehr wohl mit ein und August (1988) geht sogar so weit, dass er jede noch so kleine Veränderung am Text als eine Form des Revidierens anerkennt. Eine allgemein gehaltene Begriffserklärung stammt von Martin Fix (2000, S.4), der das Überarbeiten als Diagnostizieren von Abweichungen zwischen dem eigenen Text und dem Schreibziel mittels eines Vergleichs ansieht, die im Anschluss mithilfe sprachlicher Operationen bearbeitet werden. Zugleich stellt es die Voraussetzung für das eigenständige Schreiben von Texten dar. (vgl. Necknig 2012, S. 41) Nach Becker-Mrotzek (2012) sind die am häufigsten vorkommenden Formen des Revidierens Streichungen, Ergänzungen, Ersetzungen und Umstellungen von Wörtern, Sätzen oder sogar ganzen Textabschnitten. Im Schreibprozessmodell von Hayes und Flower (1980) wird das Überarbeiten neben dem Planen und Formulieren zu einem der drei Subprozesse gezählt, welche teilweise auch parallel ablaufen. Schon bei der Planungsphase werden oft Ideen oder Entwürfe umgewandelt, bis man mit seinem Schreibkonzept einigermaßen zufrieden ist. Diese Annahme unterstützt die anfangs genannte These von Murray, in der es kein Schreiben ohne Überarbeiten geben kann. In Abgrenzung zur allgemein bekannten und in der Schule häufig eingesetzten Berichtigung, in deren Zentrum der Text als Produkt steht, liegt das Augenmerk beim Revidieren auf dem Schreibprozess. (vgl. Necknig 2012, S. 41) Es kann laut Hegele 2000, S. 7f.) sogar die Schreibmotivation und die Schreibfähigkeit stärken, da die Möglichkeit zur Arbeit am eigenen Text keine Anpassungsleistung an Normen fordert. Jedoch wird dieser Vorteil im Unterricht leider kaum genutzt. Stattdessen wird oft ausschließlich, die bei den SuS meist unbeliebte, Forderung nach einer Korrektur der Grammatik und Rechtschreibung gestellt. (vgl. Fix 2006, S. 164) Und da diese in den meisten Fällen auch noch unbefriedigend ausfällt, wird sie am besten gleich von der Lehrperson selbst übernommen. Dabei gerät das Ziel des Überarbeitungsprozesses in der Schule, nämlich „dass Schüler Texte sach- und situationsangemessen verändern können und somit zur selbstständigen Entwicklung eines Textes fähig sind", vollkommen aus dem Blick. (Necknig 2012, S. 46) Um dies in der Schule zu erreichen, muss die Überarbeitungskompetenz der Kinder gezielt gefördert werden. Die Lehrperson muss sich darüber im Klaren sein, dass es sich bei den dazugehörigen Überarbeitungsübungen „häufig [um] intensive Arbeit am Detail, gewissermaßen Filigranarbeit, [und um] Annäherung an den Gegenstand – Verweilen, zurückgehen, erneutes Prüfen [und] Verändern" handelt. (Kreisel 1994, S. 239) Einige dieser Übungsformen sind das laute Lesen, das gemeinsame Überarbeiten, die Überarbeitung einer Einladung und die Übung im Umgang mit sprachlichen Operationen. (vgl. Payrhuber 2003, S. 28-32) Dafür muss die Lehrkraft den SuS entsprechende Rahmenbedingungen schaffen, in denen sie Zeit haben, im Schreibprozess innezuhalten und am eigenen Text zu arbeiten. Weitere Voraussetzungen für eine gelungene Überarbeitung sind die Möglichkeit der Lernenden das Schreibziel zu ermitteln, wozu das Bewusstmachen der Textfunktion notwendig ist, und eine Distanz zum eigenen Text aufzubauen (z.B. durch kontrollierendes Lesen). (vgl. Necknig 2012, S. 42) Die erste Schwierigkeit besteht aber vor allem bei jüngeren SuS darin, dass sie keine Notwendigkeit in einer Verbesserung ihres eigenen Textes sehen. Abhilfe können hier sogenannte Schreibkonferenzen schaffen, bei denen Rückmeldungen anderer Kinder zur Überarbeitung anregen. (vgl. ebd.) Damit die Lernenden am Anfang nicht überfordert werden, empfiehlt es sich im Unterricht zunächst an einzelnen Aspekten, wie den sprachlichen Ausdruck, zu arbeiten. (vgl. Fix 2006, S. 174) Das Wissen über Inhalte, Textmuster, Sprach- und Schriftsystem, sowie Formulierungshandlungen und unterstützende Arbeitstechniken ist notwendig für das Revidieren von Texten und muss deshalb im Unterricht vermittelt, eingeübt und gefestigt werden. Laut Fix (2000, S. 330) kann dies aber schon im Schreibprozess selbst geschehen, indem es während der Schreibhandlung thematisiert wird. Darauf zielt auch das Modell von Donald H. „Writing Conference" ab, welches 1992 von Gudrun Spitta für den deutschsprachigen Raum angepasst und vorgestellt wurde. Sie konzipierte daraus Schreibkonferenzen für den Schreibunterricht in den Klassenstufen 3 und 4, die in dieser Arbeit für die exemplarische Umsetzung des Überarbeitens von Texten in der Grundschule herangezogen werden sollen. Nach Spitta (1992, S.13) stellen Schreibkonferenzen „ein Verfahren dar, einen selbst verfaßten Text einer kleinen kritischen Öffentlichkeit zur Diskussion zu präsentieren, um aus den Reaktionen der Teilnehmer Hinweise für eventuelle Überarbeitung eines Textes zu erhalten." Damit eignen sie sich ideal zur Einübung ins Überarbeiten von Texten, da sie durch die transparente Vorgabe der Textfunktion, nämlich der des Verfassens eines Textes für ein Publikum, die Entwicklung eines Schreibziels bei den SuS erleichtern und durch die Rückmeldungen der Mitschüler eine Distanz zum eigenen Text aufbauen können. Der

Fokus liegt dabei, so wie es bei Überarbeitungen im Kontext einer modernen Schreibdidaktik sein sollte, auf dem Schreibprozess. Wohingegen die klassische Aufsatzdidaktik nach der Planungsphase direkt das Verfassen eines entsprechenden Textes fordert, erfolgt innerhalb einer Schreibkonferenz eine Gliederung in Teilprozesse (Sammlung, Planung, Ausarbeitung, Überarbeitung). (vgl. Necknig 2012, S. 81f.) Nicht nur professionelle Autoren, für die ein solches Verfahren eine Selbstverständlichkeit darstellt, sondern auch die Kinder erkennen schnell den vielfältigen Nutzen von Schreibkonferenzen und dem gegenseitigen Austausch. (vgl. Spitta, S.13f.) Die Lehrperson kann mit dieser Methode eine Lernumgebung schaffen, in der Kinder sich untereinander Anregungen, Tipps und Ermutigung geben und so das allgemeine Klassenklima verbessert werden kann. Nicht umsonst bezeichnen Altenburg et al. (2010, S. 93) die Schreibkonferenz als eine der beliebtesten und bekanntesten Unterrichtsformen des kooperativen Schreibens. Im Unterricht kann sie dann wie folgt aufgebaut werden. (vgl. Spitta 1992, S. 49-53) Nach dem Verfassen des Textes darf im ersten Schritt ein Kind seinen Text den Mitschüler/innen vortragen. Diese reagieren spontan darauf und geben ihm Feedback, welches sich aber in dieser Phase ausschließlich auf den Inhalt beziehen soll. Diese Anteilnahme Gleichaltriger am eigenen Text, stellt für das Autorenkind eine wichtige emotionale Bestätigung dar. Im Anschluss sollen die SuS ihm noch vertiefende Fragen zum Textverständnis stellen und Verbesserungen vorschlagen. Der Verfasser des Textes klebt sich währenddessen Sternchen an die Textstellen, die verändert werden sollen. In der zweiten Phase erfolgt das satzweise „Durchgehen des Textes unter sprachlichen und inhaltlichen Aspekten". Dabei werden weitere inhaltliche Unklarheiten geklärt und vorwiegend auf der sprachlichen Ebene Schreibtipps gegeben. Am Anfang sind dafür häufig noch Hinweise durch die Lehrperson notwendig, an denen die Lernenden später eine Orientierung finden. Darunter fallen u.a. das Finden passender Satzanfänge, treffender Wörter, sowie eines gelungenen Anfangs bzw. eines gelungenen Endes für eine Geschichte. Der nächste Schritt befasst sich mit der Rechtschreibkorrektur. Hier dürfen die SuS selbst entscheiden ob sie in Einzel-, Partner- oder Gruppenarbeit arbeiten wollen. Als Hilfsmittel stehen ihnen Wörterbücher und die Lehrkraft als Lernprozessbegleiter zur Verfügung. Danach erfolgt die „Endredaktion", bei der die Lernenden ihre überarbeiteten Entwürfe in einen Korb legen und die Lehrkraft diese nochmal. insbesondere mit Blick auf die Orthografie, überprüft. Zum Schluss findet die, von den meisten Kindern heiß ersehnte, „Veröffentlichungsrunde" statt, in der der fertige Text durch das Vorlesen vor der Klasse präsentiert wird. Das ist der Moment, in dem die SuS endlich den Lohn für ihre harte Arbeit und Mühe erhalten und im Mittelpunkt stehen dürfen. Der Text wird inhaltlich und stilistisch von der Lehrperson und den Mitschüler/innen gewürdigt. Bis am Ende noch ein abschließendes Lob und evt. Anregungen für die nächste Geschichte erfolgen. Einige Kinder sind von davon so begeistert, dass sie sich jede Woche eine Veröffentlichung wünschen, woran man das hohe Ausmaß an Motivationsförderung, welches Schreibkonferenzen mit sich bringen, erkennen kann. Sie bieten den SuS die Möglichkeit

Schreibstrategien zu entwickeln, die text-, adressaten- und absichtsgemäß sind. Kurz um, durch Schreibkonferenzen bekommt das Überarbeiten endlich den Stellenwert im Schreibunterricht, den es auch wirklich verdient.

Literaturverzeichnis

Sekundärliteratur

Altenburg et al. (2010): Kinder verfassen Texte: Schreibkompetenzen fördern und bewerten, ab dem 2. Schuljahr. 1. Aufl. München: Oldenbourg Schulbuch Verlag.

Bleckwenn, Helga; Loska. Rainer (1988): „Phantasiereise": Imaginative Verfahren im Deutschunterricht. In: Pädagogik. Heft 40. S.25-35.

Brenner, Gerd (1990): Kreatives Schreiben: Leitfaden für die Praxis. 1. Aufl. Frankfurt am Main: Scriptor.

Brinker, Klaus (2001): Linguistische Textanalyse: Eine Einführung in Grundbegriffe und Methoden. 5. durchges. und erg. Aufl. Berlin: Erich Schmidt Verlag.

Feilke, Helmut (2003): Beschreiben und Beschreibungen. In: Praxis Deutsch. Heft 182. S.6-14. Friedrich-Verlag.

Fix, Martin (2000): Textrevisionen in der Schule: prozessorientierte Schreibdidaktik zwischen Instruktion und Selbststeuerung. Empirische Untersuchungen in achten Klassen. Hohengehren: Schneider Verlag.

Fix, Martin (2006): Texte schreiben: Schreibprozesse im Deutschunterricht. Paderborn: Schöningh UTB.

Fix, Martin (2008): Texte schreiben: Schreibprozesse im Deutschunterricht (StandardWissen Lehramt). 2. Aufl. Band 2809. Paderborn: Schöningh UTB.

Green, Norm; Green Kathy (2007): Kooperatives Lernen im Klassenraum und im Kollegium: Das Trainingsbuch. 3. Aufl. Seelze-Velber: Klett/Kallmeyer Friederich Verlag.

Hammoud, Antje; Ratzki, Anne (2009): Kooperatives Lernen. In: Goethe-Institut (Hrsg.): Fremdsprache Deutsch. Zeitschrift für die Praxis des Deutschunterrichts. Heft 41. München: Hueber Verlag.

Hayes, John; Flower, Linda (1980): Identifying the Organization of Writing Processes. In: Gregg, L W; Steinberg, E R (Hrsg.): Cognitive Processes in Writing. Hillsdale, N.J.: Lawrence Erlbaum. S. 3-30.

Hegele, Irmintraut (2000): Lernziel: Texte schreiben, überarbeiten und gestalten. Stuttgart: Beltz.

Heinemann, Wolfgang; Viehweger; Dieter (1991): Einführung in die Textlinguistik. Tübingen: Niemeyer.

Huber, Anne A. (1999). Bedingungen effektiven Lernens in Kleingruppen unter besonderer Berücksichtigung der Rolle von Lernskripten. Schwangau: Ingeborg Huber Verlag.

Knopp, Matthias; Becker-Mrotzek, Michael (2012): Schreibkompetenz untersuchen. In: Schumacher, Anke; Adelt, Eva: Lern- und Entwicklungsplanung. Chance und Herausforderung für die inklusive schulische Bildung. Münster: Waxmann. S. 101 - 128.

Kohlmann, Ute; v. Stutterheim, Christiane (2001): Beschreiben im Gespräch. In: Brinker, Klaus; Antos, Gerd; Heinemann, Wolfgang; Sager, Sven: Text- und Gesprächslinguistik. Band 2, Berlin/New York: de Gruyter. S. 1279-1292.

Konrad, Klaus; Traub, Silke (2001): Kooperatives Lernen: Theorie und Praxis in Schule, Hochschule und Erwachsenenbildung. 1. Aufl. Baltsmannsweiler: Schneider-Verlag Hohengeheren.

Lückel, Regine (1993): Personennamen. In: Praxis Deutsch. Heft 122. S.38-52. Friedrich-verlag.

Müller, Andreas (2011): Kooperatives Lernen im Deutschunterricht: 10 Methoden aus der Praxis für die Praxis. Paderborn: Schöningh Verlag.

Müller, Doris (1994): Phantasiereisen im Unterricht. Braunschweig: Westermann Verlag.

Murray, Donald Morison (1968): A Writer teaches Writing: A practical method of teaching composition. Boston: Houghton Mifflin.

Necknig, Andreas Thomas (2012): Schreibkonferenz versus traditionelle Aufsatzdidaktik: Eine empirische Untersuchung. In: Studien zur Germanistik. Band 44. Hamburg: Verlag Dr. Kovac.

Ossner, Jakob (2005): Die Wahrheit ist konkret und bedarf achtsamer Formulierungen. In: Didaktik-Deutsch. Heft 19. Baltmannsweiler: Schneider-Verlag Hohengehren.

Payrhuber, Franz-Josef (2003): Schreiben lernen: Aufsatzunterricht in der Grundschule. In: Lange, Günter; Schuster, Karl; Ziesenis, Werner (Hrsg.): Deutschdidaktik aktuell. Band 3. 4. unveränd. Aufl. Baltmannsweiler: Schneider-Verlag Hohengehren.

Schümer, Grundel; Tilmann, Klaus-Jürgen; Weiß, Manfred (Hrsg.) (2004): Die Institution Schule und die Lebenswelt der Schüler: Vertiefende Analysen der PISA-2000-Daten zum Kontext von Schülerleistungen. Wiesbaden: VS Verlag für Sozialwissenschaften.

Schuster, Karl (1995): Das personal-kreative Schreiben im Deutschunterricht: Theorie und Praxis. Baltmannsweiler: Schneider-Verlag Hohengehren.

Spinner, Kasper H. (1993): Kreatives Schreiben. In: Praxis Deutsch. Heft 119. S. 17-23. Friedrich-Verlag.

Spitta, Gudrun (1992): Schreibkonferenzen in Klasse 3 und 4: Ein Weg vom spontanen Schreiben zum bewußten Verfassen von Texten. In: Bartnitzky, Horst; Christiani, Reinhold (Hrsg.): Lehrer-Bücherei: Grundschule. Frankfurt am Main: Cornelsen Scriptor.

Traub, Silke (2004): Unterricht kooperativ gestalten: Hinweise und Anregungen zum kooperativen Lernen in Schule, Hochschule und Lehrerbildung. Bad Heilbrunn: Verlag Julius Klinkhardt.